EMBLESMES
SVS LES ACTIONS
PERFECTIONS ET MOEVRS DV SEGNOR Espagnol.

Traduit de Castillien.

A MILDELBOVRG

Par Simon Molard.

1608.

EMBLESMES
SVS. LES ACTIONS ET
MOEVRS DV SEGNOR
ESPAGNOL.

Vn Ange en l'Eglise.

VI   vit iamais personne plus
deuote
Que l'Espagnol ? Il faut que
chacun note
Que c'est vn Ange en l'Eglise
à le veoir?

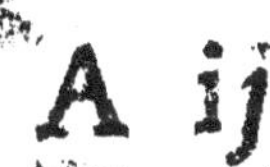

A ij

Car ſa vie eſt toute contemplatiue
Mais ſon œillade impure & deffectiue
Tache touſiours quelqu'vn a deceuoir.

A deux genoux flechi en apparence,
Baiſant le poulce auec grand reuerence,
De mille croix *el ſantiqua* ſon corps
En l'eſtomac la croix ſouuent il porte,
Qui paroit fort : mais c'eſt en telle ſorte
Qu'en tous ſes faits le diable eſt au dehors.

Deuotement *con ſus cuentas* Il prie,
*P*uis haut, puis bas plein de ceremonie
Va outrageant ſa poictrine de coups,
Les yeux au ciel, il fait ſa penitence:
Mais au ſortir il ne fait conſcience
De desbaucher quelque femme à genoux.

L'en hora buena à la Segnora il donne,
*P*rompt ſeruiteur il l'attend en perſonne,
La Meſſe dicte il r'enforce l'amour,
Iure que non s'il faut qu'on le découure,
Voyla comment d'œuures bonnes il ouure
Le paradis pour ſon dernier ſeiour.

Vn diable en la maiſon.

Il l'Eſpagnol eſt en l'Egliſe vn
Ange
En la maiſon ou logis, cas eſtran-
ge!
C'eſt vn vray diable: arrogant fanfaron,
Doux à l'entree inſtalé, a vray corſaire:
Tout eſt a luy, il faut qu'on le reuere,
Segnor de Caſſa il loge le patron.

A iij

Ce qu'il deſire il faut que ſoit ſans ceſſe
La volonté de l'hoſte & de l'hoſteſſe
Le meilleur lit, la chambre eſt à ſon choix,
C'eſt vn *Hidalgo* en cor que *Sapatero*:
Il faut ſeruir *El Segnor Cauallero*
Et promptement obeyr a ſa voix.

Il eſt remply d'orguilleuſe boutades,
Il eſt farcy de cent rodomontades,
Peſant ſes mots il parle arrogamment:
Si la *Segnora* ou ſa fille il deſire,
Tout tremble alors: mais c'eſt encor le pire
Qu'il faut s'offrir a ſon commandement.

Sa race eſt grãde (iſſu de quelque Negre)
C'eſt vn *Segnor* quoy que de ſçauoir maigre,
Flamans, dit-il, ſont gueux: Vvalons larrós:
Anglois gourmands: Allemants des yuroi-
    gnes,
Les Eſpagnols, portent ſeuls bonnes trou-
    gnes
Et les François, ſont aucunement bons.

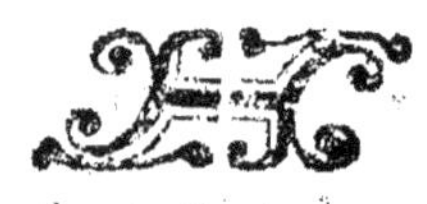

Vn Loup en table.

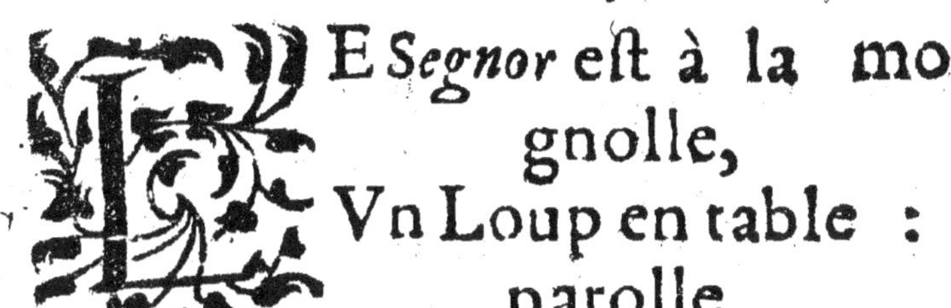

LE *Segnor* est à la mode Espa-
gnolle,
Vn Loup en table : vne feulle parolle
Ne dira pas, tant il eft rauiffant,
Auec fes mains la viande il defchire,
Deçà delà le plat il tourne & vire
Les bons morceaux d'iceluy choififfant.
De *olla podrida* auecques carbonnades

De bon roty d'olliues, & fallades
Farcit fon ventre, & du meilleur choifit,
De mufcadins & d'autre confiture,
Il œuille à pres fon ventre auec grand'cure:
Et le pain fec en fa maifon moyfit.

    Chez vous il eft remply de gourmandife
Son eftomach baaille de conuoytife
Pour attraper quelque morceau friant,
Bouilly, roty, falade, vinaigrette,
Ce qu'il ne veut il coupe gafte & iette
Deuant les yeux de qui le va priant.

    Eft-il chez foy, il eft fobre ou malade,
Il fe retranche a l'orange en falade,
Il boit de l'eau & mange du pain bis:
Sort il dehors d'vn root il vous parfume,
Et fouuent l'air pour fon repas il hume,
Curant fes dents de plumes de perdrix.

Vn pourceau en sa chambre.

Edans sa chambre il n'est An-
ge ny diable,
C'est vn pourceau couché dans
vne estable,
D'infection dans son fumier pourry :
Remply de poux, & de villaine ordure,
Son lit les draps tombent de pourriture,
Et luy mesme est de *Bubas* tout pourry.

De quelque chancre ou quelque chaude
pisse

Il eſt muny pour raiſon de ſon vice:
Pour ſa ſanté il court au Medecin:
Pillules lors, cliſteres, medecines,
Sót de requeſte, & Dieu ſçait quelles min
Font ceux qui vont le voir chaſque mati
    Quelles odeurs ſe preſentent a l'heure,
Sa chambre ornee eſt belle où il demeur
Mais le fumier eſt d'vn pied allentour,
Et faut ſortir ou reculer arriere
Si le patron ne cache toſt derriere
Quelque tapis ſes reliques d'amour.
    Fort conſtipé eſt lors *ſu ſegnoria*
Tienne dolor en la barriqua ſuya.
C'eſt pour couurir autre mal qui le point
Penſez vn peu ſi le patron eſt ayſe
De voir ainſi le *Segnor* en mal ayſe
Auquel il faut ſubuenir de tout poinct.

Vn Paon en la ruë.

Lace, voici vn pourceau qui se muë,
C'est le *Segnor* qui marche par la ruë
Ainsi qu'vn Paon plain de superbité:
Est-il bien net, sa fraise est elle en ordre?
Que son collet ne soit pas en desordre,

Car cela sert fort à la grauité.

  Que Cauallero! ô comme il se regarde!
A chaque pas voyez comme il tarde
Pour escouter s'il est bien aperçeu,
Et si quelqu'vn n'admire ce *Hidalgo*,
Il est tenu pour *Vn perro* ô *Vn Galgo*,
Portal y qual qui n'a iamais rien veu.

  Il est venu de l'isle Orientalle,
Il va passer en l'isle Occidentalle,
Asie, Affrique, Europe est au commun,
Il a rodé & couru l'Amerique:
Et trauersé la Chine, & veu Maxique,
Sous le deuis & raport de quelqu'vn.

  Voyez vn peu comme il frotte sa barbe,
Quelle moustache esleuee! ô quel garbe,
Vous le cuidez quelque DOM ou seigneur:
C'est vn verrier sortant de la fornaise,
Ou vn carlleur & ne vous en desplaise,
A qui messieurs, vous faites tant d'hóneur.

Vn Renard pour les femmes.

L est versé en fort bonnes prati-
    ques:
Il sçait chanter cent sortes de mu-
    siques
Pleurer chantant faire le papelart:
Pour attraper quelques femmes ou fil-
    les
Et cauteleux par finesses subtilles
Souuent la proye il surprend fin Renard.

Si la *Segnora* escoute importunee,
Tout aussi tost elle sera gaignee
La voila prinse, & renduë aux abois:
A l'aprocher si elle est difficille,
Au port & hal qui la rendra facile?
C'est le *Segnor* qui est humble & courtois.

Il est courtois, mais remply de malice,
Par cent souspirs il fait venir en lice
Le chaste cœur qui resister luy veut:
Brusle en amours, s'il faut le contrefaire,
Promet beaucoup pour conclure l'affaire,
Et iouyra sans rien payer s'il peut.

S'il ne peut rien enuers la *Donna* belle,
Il fait donner par quelque macquerelle
Eschet & mat: car s'il peut seulement
Besar su mano elle est en sa puissance,
Au seul toucher il obtient iouyssance,
Ou se promet d'en iouyr fermement.

Vn Lyon en garnison.

E N garnison dans vne forteresse,
Il est hardy, fier & plein de
hautesse,
Il soumet tout à sa subiection.
Luy seul est tout à luy seul se conseille,
s'il veut dormir il faut que chacun veille,
Le monde est peu pour ce braue Lyon.
Ce Rodomont n'estime que soy-mesme,
Braue sur tout, sur tous autres supréme,

Remply d'orgueil iamais neprife aucun,
Auec ces mots de *Vellaco vilano,*
Tradidor, puto herege, Lutherano,
Et *Boto à Dios,* il fait trembler chacun:
　Grand *feruidor* du Roy dans vn vn place:
Celuy qu'il craint bien fouuent il menace:
S'il veut parler, il le faut efcouter:
S'il fe collere, auec quelque boutade,
Il faut vouloir tirer vne eftocade:
Et là dedans il fe fait redouter.
　C'eft vn *fegnor* qui tant qu'il aura vie,
Encor qu'il foit hors de fa feigneurie,
Sera *Segnor, Capitan, Rigidor,*
Digne fur tout de conduire vne armee,
Et bien qu'il n'ait que la cape & l'efpee
Ce neantmoins il eft toufiours *Segnor.*

Vn Lieure estant assiegé.

N garnison ce *Segnor* est
fort braue,
Où l'on ne fait qu'estre
Segnor & graue
Aussi lõg temps que l'en-
nemy ne void,
En luy seul est le laisser &
le faire:
Mais fort craintif & fort mal volontaire
Tout aussi tost que l'ennemy paroit.

B

S'il est dedans quelque place assiegee,
Et void planter dedans vne tranchee
Quelques drapeaux, il songe à la rançon,
Le voila prins, la crainte le domine,
Rien ne luy sert ceste peau leonine,
Ame drentubo està su coraçon.

Lors de Lion en vn Lieure il se change,
Loup enfermé aux escoutes se range:
Et hors descoups, crie tout va-il bien:
S'il baste mal, à *Sant Iago* il se vouë
A nuestre donna aun de Loretto, & louë
Pour tost sortir quelque bourdon *Tambien.*

Si le siege est de trop longue duree,
Si la place est preste d'estre forcee,
O que de vœux, ô que chacun promet,
L'vn promet dons l'autre pelerinage,
Rendant la place à leur desauantage,
La vie sauue, encor ont ils bien fait.

Vn Mouton quand il est prins.

Ans les cordeaux c'est vne bre-
    biette,
Comme vn aigneau il a la voix
    foiblette,
Rien ne dira que *Si Segnor* touſ-
iours,
Ou *no segnor*, s'il faut qu'on l'arraiſonne,
Si pour mal fait iuſtice l'empriſonne
Valgame Dios dira-il tous les iours.

Plus innocent qu'vn moutõ il se preuue,
Quoy qu'en delit la iustice le treuue.
Il craint la Horca & le cruel tourment,
Il craint en l'air de dancer sans sonnettes
La Sarabanda ou bien les castagnettes,
Sans la quitarne ou quelque autre instru-
      ment.

S'il void le ganche ou de châure la corde,
Lors le *Segnor* crie misericorde,
Piteusement vous l'oyez lamenter
Dios demi tierra,ô malauenturado,
Come morir, vn Hidalgo à horcado.
Et d'admirer ne se peut contenter.

Pardon il crie ou qu'on luy face grace:
On luy fait tort & a toute sa race:
Il luy desplaist de mourir innocent:
Il n'a iamais commis aucune offence,
Il perd le cœur dessous vne potence,
Et de Lion ce *Segnor* n'est que vent.

Auaricieux.

I ce *Segnor* de puiſſance ſi hau-
te
Encor n'auoit en ſoy que ceſte
faute,
On le pourroit excuſer, ſupporter.
Il n'eſt aucun ſans particulier vice:
Mais le *Segnor* eſt ſi plein d'auarice,
Fas ou nefas qu'il veut tout emporter.

B iij

Si des Romains l'auarice cruelle
Vous comparez à ceste autre nouuelle
De l'Espagnol ce ne sera que ieu.
Todo (dit-il) *es nuestro todo es mio.*
Parlant du monde il le fait tousiours *suyo*
Encor est-il pour luy dit-il trop peu.

　Depuis le temps que l'Inde est au pillage
Que ce *Segnor* seul la pille & rauage,
Combien a-il amassé sans proffit?
Dans *sant Domingo* en la salle Royalle
Vn cheual paint d'vn monde en autre *sale*
Auec ces mots *no basta*, il ne suffit
　Son propre corps pour de l'argent il bail-
　　le,
Se rend captif, il se range en bataille
Contre soy-mesme il guerroye en tout lieu
Bref pour de l'or auare insatiable,
Il vend son sang, voire il le dône au diable,
L'Indien dit que l'or seul est son Dieu.

Conuoiteux d'honneur.

E lieu ſi haut, de race ſi vaillante
Si honoree & ſi forte & puiſſan-
te
Eſt le *Segnor* de pere en fils ve-
nu:
Il eſt ſi fort, ſi puiſſant, ſi habille,
Qu'il n'eſt en rien moindre que Hector que
Achille,
De l'honorer tout le monde eſt tenu.

Son ignorance il estime sagesse:
Si vileté plus que toute noblesse:
Plus que doctrine est sa stupidité.
Son sens brutal plus que raison humaine,
Toute science il mesprise & rend vaine,
Plus que sçauoir est la rusticité.
     Pour ignorant il ne veut qu'on le pren-
      ne,
Ou s'il fait mal qu'on le tance ou reprenne,
N'estime aucun digne de le seruir,
Il est trop haut pour instruction suiure,
Il ne veut pas sous correction viure,
D'estre reprins il ne pourroit souffrir.
  C'est le premier qui doit sa place prendre
Gardez-vous bien sur luy rien entreprédre
Ou seullement vn peu le desdaigner.
Il veut qu'honneur on luy fasse a toute heu-
      re,
Voire a luy seul: car où il fait demeure,
Ou il est maistre il veut tout seul regner.

Tyran & sanguinaire.

I est tyran, cruel & sanguinai-
re,
Il a monstré sa tyrannie fie-
re,
Sa cruauté aux pauures In-
diens,
Par millions leur sang crie vengean-
ce,
Des Gots cruels il a prins sa naissance,
Et pour tuer il sçait mille moyens.

O que de sang au pays bas ruysselle!
O quel tyran! ô quelle ame cruelle!
Quoy ce Marran iamais n'aura-il fait.
Sa tyrannie est en tous lieux plantee,
La France en est encor ensanglantee
Bref tout le monde a contre luy forfait.

Asie, Affrique, Europe, l'Amerique
Ont esprouué sa cruauté inique,
Antiochus ne fut onc si cruel,
Vn *Phalaris*, *Pharaon*, & *Herodes*,
Les Othomans n'ont auec tant de modes
Et sans raison fait vn carnage tel.

Bref ce *segnor* tous les tyrans surpasse
Il remplit tout de corps morts qu'il amasse
Celuy est peu bras ou iambes coupper:
La cruauté ne peut blesser personne,
Du moindre coup la mort cruelle il donne
Car sans tuer il ne peut pas fraper.

Vindicatif.

A cruauté iusques dedãs l'Eglise
Se vangera de l'offence cómise,
Tant eſt tyran, cruel vindicatif.
De fort long temps il ramen-
toit l'offence,
La garde en ſoy, reiette la deffence,
N'oubliant rien tant il eſt deffectif.
Les Indiens pour peu de reſiſtance
Ont eſprouué ſa cruelle vengeance,
Nul reſiſtant ne fut prins à mercy.

Ces deux seigneurs d'Eguemont & de
    Horne,
Apres leur paix ont reçeu tel' escorne,
Et ont passé tous deux le pas ainsi.

  Dans Aragon il print vn Comté au piege,
Pour soustenir l'effect d'vn priuilege,
Plusieurs seigneurs patirent auec luy.
Les Nauarrois ont senti en detresse
Les grands efforts de sa main vangeresse.
Les pays bas le sentent auiourd'huy.

  Qui est celuy qui de sa main eschape,
Qui promptement *Con to sigo* il n'atrape
Le bras du traistre est sa commodité,
C'est le moyen par lequel il se vange,
Quand il ne peut en vn pays estrange
Sa paix nourrir son infidellité.

Perfide,en traitant la paix.

'Il fait la paix , il cerche temps
commode
D'vser en temps de vengeance
à sa mode.
La perfidie est son aduancement,
Il a iuré d'abolir l'heretique
Pour maintenir le siege Catholique
N'est-il absous par son premier serment.
Son naturel l'oblige d'auantage
D'executer du SAN BENIT la rage,

Enuers tous ceux qui dit Lutheriens,
Auec ceux-là s'il peut vne paix faindre,
Auec ceux-la il peut la paix enfraindre,
La paix les mene en ses cruels liens.

Il ne tient pas que ce fut perfidie
Faire tuer vn Roy net d'heresie,
Le pourparler de paix seruit beaucoup:
La paix sera par luy assez promisse,
S'il ne conclud c'est au bien de l'Eglise,
Il sera prest de faire quelque coup.

Par telle fraude il sçait tromper le mon-
de,
Dissimuler, c'est surquoy il se fonde,
Rien qu'a dessein ne iure & ne promet:
Puis qu'il n'y a en son serment fiance,
C'est vn malheur d'auoir son alliance:
Captif le rend qui sous sa main se met.

Vie esclaue, d'estre a la misericorde du segnor.

Abio há deser y muy auenturado
En mal ageno el se oscarmentado.
La liberté est vn celeste don:
Heureux celuy qui libre se peut
D'vn ioug cruel qui sage se retire   (dire,
D'entre les mains du *Segnor* de ce *Dom.*

Qui n'est sommis à la puissance fiere,
Il s'affranchit d'vne esclaue misere,
Captiuité pire encor que la mort,
Prez, loin de luy, il fait que chacun tremble

Le corps & l'ame il fait partir ensemble:
C'est vn vaisseau duquel tout malheur sort:
  Braue, fraisé, monté sur vne mulle
Pour quelque temps le *Segnor* dissimulle
Toute vengeance il reserue à part soy.
Il vaudroit mieux espouser vne corde
Que se soumettre à la misericorde
D'vn qui n'a Dieu, conscience ny foy.
  Dieu donne donc entiere deliurance
A ceux qui sont sous sa main en souffance,
Liberté querre est grand discretion.
Il vaudroit mieux tomber és mains des
    Mores,
Es mains des Turcs se captiuer encores,
Que de tomber à sa deuotion.

Heureux

www.ingramcontent.com/pod-product-compliance
Lightning Source LLC
LaVergne TN
LVHW012147170726
843503LV00009B/4030